FACULTÉ DE DROIT DE TOULOUSE.

Acte Public

POUR LA LICENCE.

MARIE ESCUDIER,

IMPRIMEUR-LIBRAIRE, RUE SAINT-ROME, 26.

1855.

A la meilleure des Mères,

Hommage d'Amour, de Respect et de reconnaissance.

Faculté de Droit de Toulouse.

ACTE PUBLIC

POUR LA LICENCE,

En exécution de l'art. 4, tit. 2, de la loi du 22 ventôse, an 12.

SOUTENU PAR

M. Carcenac (Paul-Alphonse),

Né à Castres (Tarn).

JUS ROMANUM.

Lib. Ier, Tit. xxiv. — *De satisdatione Tutorum vel Curatorum.*

Tutores vel curatores, ne pupillorum et eorum qui in curatione sunt, negotia ab illis consumantur vel diminuantur, satisdare coguntur. Illâ satisdatione omnes tamen non onerantur. Is est qui ab ipso testatore nominatur et qui ex inquisitione dati sunt.

Subsidiaria autem actio, quæ ultimum eis præsidium adferre potest, in eos datur, qui aut] omninò à tutoribus vel curatoribus satisdari non curaverunt aut non idoneè passi sunt caveri.

Si tutores vel curatores non cavent pignoribus captis coerceri possunt.

CODE CIVIL.

Liv. iii . Tit. xviii.

Du mode d'inscription des Priviléges et Hypothèques.

CHAPITRE IV.

L'hypothèque est un droit réel sur les immeubles affectés à l'acquittement d'une obligation ; mais sans la formalité de l'inscription, elle meurt et n'a aucun effet. Avant l'art. 834 du Code de procédure, un débiteur de mauvaise foi pouvait faire perdre au créancier, qui n'avait pas inscription, le gage de sa créance, par l'aliénation secrète de l'immeuble grevé de l'hypothèque, parce qu'on ne pouvait plus prendre inscription dès que cette aliénation avait été faite ; mais cet art. 834 a changé cette disposition, et veut qu'on puisse prendre inscription même dans la quinzaine après la transcription de l'acte de vente. Dans ce cas, contre qui le créancier prendra-t-il inscription ? évidemment contre le débiteur originaire ; car il pourrait arriver que le créancier ne connût en aucune manière le nouvel acquéreur.

L'inscription date du jour et non de l'heure à laqu'elle elle a été prise.

L'art. 2148 fixe les règles à suivre pour opérer cette inscription. Il suffit de remarquer que le créancier peut représenter lui-même, ou par l'entremise d'un tiers , les titres nécessaires à l'inscription, sans qu'il soit besoin de procuration ; son mandat est justifié par les titres dont il est porteur : observons aussi que cet acte n'étant que purement conservatoire et non une obligation , les mineurs, les interdits , et les femmes mariées peuvent valablement prendre inscription.

Si l'objet qui a déterminé l'inscription est productif d'intérêts ou arrérages , le créancier a droit d'être colloqué pour trois années de ces mêmes intérêts et arrérages. S'il n'en eût pas été ainsi , le système de la publicité des hypothèques eût été blessé , car les masses d'intérêts auraient pu dépasser le capital. Cette disposition ne s'applique qu'aux créanciers appelés dans un ordre : il est évident que, lorsqu'il n'y a qu'un seul créancier , le débiteur est redevable de tous les intérêts.

Le mode d'inscription des hypothèques légales n'est pas soumis à autant de formalités que les hypothèques judiciaires ou convention_ nelles ; l'art. 2153 fixe les règles à cet égard.

L'hypothèque n'ayant vie que par l'inscription , celle-ci doit être renouvelée tous les dix ans : l'inexécution de cette formalité n'anéantirait pas l'hypothèque , mais elle diminuerait son effet ; car alors le créancier n'aurait rang qu'à dater du jour de la dernière inscription.

L'hypothèque des femmes mariées et des mineurs existant sans inscription, existe aussi sans renouvellement ; néanmoins les maris et les tuteurs qui , après avoir négligé cette formalité , consentiraient d'autres hypothèques , seraient regardés comme stellionataires.

CHAPITRE V.

De la Radiation et réduction des Inscriptions.

Il y a lieu à la radiation et réduction des inscriptions, lorsque l'hypothèque est vicieuse de sa nature, par exemple, lorsqu'elle a été faite sur un titre non authentique, et lorsqu'elle porte sur des immeubles bien plus que suffisans pour sa responsabilité. Pour opérer cette radiation, il faut le consentement des parties intéressées ayant capacité à cet effet : ainsi, le mineur, l'interdit et la femme mariée ne pourraient pas valablement consentir à cette réduction. Quant à ceux qui ont capacité, il faut que l'acte de radiation soit authentique ou passé en force de chose jugée.

La radiation de l'inscription peut non seulement être demandée par les parties intéressées, mais elle peut encore être ordonnée par les tribunaux. Cette radiation doit être faite, aux termes de l'art. 2160, lorsque l'inscription a été prise sans être fondée ni sur la loi ni sur un titre, ou lorsqu'elle l'a été en vertu d'un titre, soit irrégulier, soit éteint ou soldé.

Les art. 2162 et suiv. de ce chapitre posent des bases pour faire connaître quand les inscriptions peuvent être réputées excessives. Il suffit de dire que la règle à suivre à cet égard est, que l'immeuble sur lequel est transportée la réduction doit excéder d'un tiers la quotité de la valeur de l'hypothèque.

CHAPITRE VI.

De l'effet des Priviléges et Hypothèques contre les tiers-détenteurs.

Le droit de suite, par lequel un créancier conserve sa garantie sur l'immeuble, en quelques mains qu'il passe, est un des principaux effets de l'hypothèque. Le tiers-détenteur d'un immeuble grevé d'hypothèques est tenu d'acquitter toutes les dettes, lors même qu'elles surpasseraient la valeur de cet immeuble. Pour se soustraire à la rigueur de la loi, trois moyens lui sont offerts : 1° de purger l'immeuble. 2° de payer comme l'aurait fait le débiteur originaire ; 3° enfin de délaisser l'immeuble.

Si le tiers-détenteur ne satisfait pas à ces obligations, chaque créancier peut poursuivre la vente en licitation de l'immeuble, dans le délai de trente jours, après commandement fait au débiteur originaire. On voit par là que les créanciers ont un moyen d'obtenir le paiement ; le débiteur originaire, le temps de trouver l'argent, et le tiers détenteur ,celui de se décider à payer ou à délaisser l'immeuble. Il résulte de là que ce dernier peut, après un délaissement, reprendre la propriété de l'immeuble jusques à l'adjudication définitive, après quoi il n'est plus recevable à exercer cette reprise.

Si l'immeuble souffre des détériorations résultant du fait du tiers. détenteur, celui-ci est passible de dommages-intérêts envers les créanciers.

Le tiers-détenteur ne peut répéter ses impenses et améliorations que jusqu'à concurrence de la plus value résultant de cette amélioration. Ces mots *impenses*, *améliorations*, pris collectivement, présentent néanmoins deux idées très différentes : les impenses sont ce qu'il en a coûté pour améliorer l'héritage, et les améliorations sont les valeurs ajoutées à ce même héritage. On voit par là que l'impenes peut surpasser l'amélioration, et que l'amélioration peut surpasser l'impense : mais le véritable sens de la loi est que, si dans l'un et l'autre cas l'immeuble acquiert une valeur par les soins du tiers-détenteur, il peut répéter cette même valeur.

Enfin, le tiers-détenteur qui a payé les dettes qui grevaient l'immeuble du premier créancier, a, comme de droit, recours contre ce dernier.

CHAPITRE VII.

De l'extinction des Priviléges et Hypothèques.

Quatre modes d'extinction des priviléges et hypothèques sont indiqués par le code : 1° par l'extinction de l'obligation principale ; 2° par la renonciation du créancier à l'hypothèque ; 3° par l'accomplissement des formalités requises par l'art. 2183 ; 4° enfin , par la prescription.

Pour que l'hypothèque soit éteinte, il faut le paiement total de la somme, sans quoi elle reste encore pour la partie non payée, quelque minime qu'elle soit.

CHAPITRE VIII.

Du Mode de purger la Propriété des priviléges et hypothèques.

L'art. 2194 expose la marche à suivre pour purger la propriété des priviléges et hypothèques. La première obligation de l'acquéreur de l'immeuble est de faire transcrire en entier, sur les registres du conservateur, le contrat translatif de propriété ; ce n'est là qu'un acte préliminaire , qui serait sans effet si l'on négligeait de faire ce que prescrivent les art. 2183 et 2184.

Nonobstant la somme stipulée entre le débiteur et l'acquéreur, les créanciers peuvent requérir , si ce prix ne leur convient pas, la mise aux enchères de l'immeuble ; mais alors ils s'engagent à les faire porter au dixième en sus de la valeur déjà fixée ; il faut même que cette réquisition soit faite dans les quarante jours, à compter du jour de la notification qui leur a été faite par l'acquéreur ; à défaut de quoi la valeur demeure fixée au prix stipulé dans le contrat.

L'acquéreur qui sera rendu adjudicataire aura son recours, tel que de droit , contre le vendeur. En effet , celui-ci devait garantir l'acquéreur de toutes actions hypothécaires. Si les créanciers en surenchérissant ont élevé le prix fixé dans le contrat , l'acquéreur doit répéter l'ensus de ce prix contre le vendeur originaire.

CHAPITRE IX.

Du Mode de purger les Hypothèques quand il n'existe pas d'inscription
sur les biens des maris et tuteurs.

Les acquéreurs des biens mentionnés dans ce titre , lorsqu'il n'existera pas d'inscription légale , pourront purger les hypothèques qui existeraient sur les immeubles par eux acquis.

Les formalités à suivre à cet effet sont consignées dans l'art. 2194. L'extrait dont parle cet article étant affiché dans l'auditoire du tribunal , les mineurs, les interdits et les femmes mariées , auront deux mois pour prendre inscription : après ce délai, les biens , s'il n'a pas été pris d'inscription , passent à l'acquéreur sans aucune charge ; mais s'il existe inscription , les tiers-acquéreurs ne pourront pas purger.

CODE DE PROCÉDURE.

LIV. II. — TIT. IX.

Des Exceptions.

En général , on entend par exception tout ce qui tend à détruire l'action ou à l'arrêter momentanément. On divise les exceptions en péremptoires , dilatoires et déclinatoires. Péremptoires , ce sont celles qui tendent à détruire l'instance par suite des vices qu'elles renferment ; dilatoires, ce sont celles qui tendent à différer la décision de la contestation ; déclinatoires , ce sont celles qui déclarent l'incompétence du juge ou du tribunal. La loi a voulu que l'étranger demandeur ou intervenant dans une affaire fournît caution ou consignât une somme fixée par les juges pour le paiement des frais, dommages et intérêts auxquels il pourrait être condamné. Il existe quelques exceptions à cette règle ; elles sont exprimées dans les art. 13 et 16 du code civil, et 167 de notre code. Lorsque l'étranger est défendeur, sa qualité le dispense de toutes ces formalités.

Des Renvois.

La demande en renvoi n'est autre chose que l'exception déclinatoire. On distingue deux sortes d'incompétences, celle *ratione materiæ*, et celle *ratione personæ* : la dernière a lieu lorsque le défendeur a été cité devant un tribunal autre que celui auquel le demandeur devait s'adresser ; la première a lieu lorsque le tribunal auquel on s'adresse n'a pas reçu de la loi le pouvoir de connaître la matière qui fait le sujet de la contestation ; le défendeur est tenu de proposer son déclinatoire avant toute autre exception. Les juges, malgré le silence des parties, doivent se dessaisir d'office d'une cause qui ne serait pas de leur compétence, et renvoyer d'office devant qui de droit. Toute demande déclinatoire pour cause de litispendance et de connexité, sera jugée sommairement sans qu'elle puisse être réservée ni jointe au principal.

Des Nullités.

Les nullités donnent naissance aux exceptions péremptoires, quant à la forme, parce qu'elles anéantissent la procédure qui a eu lieu et qu'elles tendent à détruire totalement la demande. Mais toute nullité d'exploit ou d'acte de procédure est couverte si elle n'est proposée avant toute défense ou exception, autre que les exceptions d'incompétence (art. 173).

Des Exceptions Dilatoires.

Les exceptions dilatoires n'éteignent pas l'action ; elles ne font qu'en suspendre l'exercice. L'héritier, la veuve, la femme séparée de biens peuvent en user lorsqu'ils sont assignés, soit en paiement d'une dette de la succession ou de la communauté, avant l'expiration des délais que l'art. 174 du code de procédure et 795, 1456, 1457 du code civil leur accordent pour faire inventaire et délibérer. C'est encore en vertu de l'exception dilatoire que le défendeur obtient un délai pour appeler un garant. Le code distingue deux sortes de garanties : la garantie simple et la garantie formelle. La première a lieu lorsque l'action principale est purement personnelle ou mobilière ; la seconde lorsque cette action se réfère à une matière réelle. Dans le premier cas, le garant pourra seulement intervenir sans prendre le fait et cause du garanti ; dans le second, le garant pourra toujours prendre le fait et cause du garanti qui, s'il le requiert, sera mis hors de cause avant le premier jugement. L'héritier, la veuve, la femme séparée de biens ne peuvent proposer leurs exceptions dilatoires qu'après l'échéance des délais pour faire inventaire et délibérer.

De la Communication des Pièces.

Il suffira de dire sur ce paragraphe, qui n'offre rien d'un grand intérêt, que les pièces une fois produites ou communiquées dans un procès, deviennent par cela seul communes à toutes les parties, au point qu'il n'est pas permis à celle qui en a fait usage, de les retirer.

CODE DE COMMERCE.

Tit. viii.

De la Lettre de Change.

§ II. — *Des droits et des devoirs du Porteur.*

Avant notre code il n'existait pas de délais fixés pour la présentation des lettres de change payables soit à vue, soit à un ou plusieurs jours, ou mois, ou usances de vue ; aussi ses rédacteurs se sont-ils aperçus que les porteurs de pareilles lettres de change, ayant le droit de ne les présenter que lorsqu'ils le jugeaient convenable, faisaient ainsi durer à leur volonté l'obligation du tireur et des endosseurs, et ont-ils déterminé, à ce sujet, des délais proportionnés à la distance des lieux et à la difficulté des communications, dans l'art. 160.

Le porteur de lettres de change tirées sur l'étranger ou de l'étranger pouvant être empêché, en temps de guerre maritime, de les présenter dans les délais voulus, le législateur a sagement doublé les délais en sa faveur dans pareils cas.

Le porteur qui laisse expirer les délais à lui accordés sans faire aucune démarche pour son recours en garantie, est déchu de tous droits contre les endosseurs qui le sont également contre leur cédant, après les délais à eux accordés, chacun en ce qui les concerne (art. 164).

La déchéance a encore lieu contre le porteur et les endosseurs à l'égard du tireur lui-même, s'il justifie qu'il y avait provision à l'échéance de la lettre de change, et alors le porteur ne conserve d'action que contre le tiré.

Les effets des divers cas de déchéance dont nous venons de parler peuvent néanmoins cesser, en faveur du porteur contre le tireur ou celui des endosseurs qui, après les délais fixés par tous actes en garantie, a reçu par compte ou autrement les fonds destinés au paiement de la lettre de change.

Lorsque le tiré refuse de faire le paiement d'une lettre de change, ce refus doit être constaté par un acte nommé protêt faute de paiement, qui est tellement de rigueur que le porteur n'est dispensé de cette formalité par aucun autre acte ni par la mort ou faillite du tiré.

Si des délais avaient été accordés aux porteurs pour se présenter, il était juste qu'il en fût fixé aux tireurs et endosseurs pour être poursuivis en cas de protêt; le législateur y a pourvu dans l'art. 166.

Pour les mêmes raisons que dans l'art. 160, les délais susceptibles de retard en temps de guerre maritime sont également doublés en faveur des porteurs, pour poursuivre les tireurs et endosseurs.

Outre les formalités prescrites (art. 164) pour l'exercice de l'action en garantie, il est accordé au porteur d'une lettre de change protestée faute de paiement, une saisie conservatoire des effets mobiliers des tireurs accepteurs et endosseurs, avec la permission du juge.

§ 12. — *Des protêts.*

Le protêt est un acte fait au nom du porteur de la lettre de change pour constater le refus fait par celui sur qui elle est tirée, de l'accepter ou de la payer.

De là deux espèces de protêts :

Le protêt faute d'acceptation et le protêt faute de paiement.

Nul acte de la part du porteur ne supplée à l'acte de protêt et ne l'empêcherait d'être déchu de tout recours contre le tireur et les endosseurs. Il n'a été fait à ce sujet, qu'une seule exception rela-ve au cas où la lettre de change a été perdue; art. 150 et suivans,

§ 13. — *Du rechange.*

Le rechange qui s'effectue par une retraite , qui n'est autre chose qu'une nouvelle lettre de change au moyen de laquelle le porteur se rembourse sur le tireur ou l'un des endosseurs du principal de la lettre protestée, de ses frais et du nouveau change qu'il paie, et la perte qu'il est ordinairement obligé de supporter sur cette retraite. Il se règle de différentes manières, selon qu'il est fait avec le tireur ou les endosseurs. (Art. 179.)

Les rechanges ne peuvent être cumulés : chaque endosseur n'en supporte qu'un ainsi que le tireur.

La retraite est accompagnée d'un compte de retour dont les formes sont réglées dans l'art. 181. Il ne peut en être fait qu'un sur une même lettre de change, qui est remboursé d'endosseur à endosseur respectivement et définitivement par le tireur.

SECTION II. — *Du Billet à ordre.*

Le billet à ordre est un écrit privé par lequel un individu s'oblige à payer à un autre ou à son ordre , une somme quelconque dans un temps déterminé.

La différence qui existe entre le billet à ordre et la lettre de change, est que celle-ci est toujours réputée acte de commerce et que celui-là au contraire n'est pas par sa nature réputé tel.

SECTION III. — *De la Prescription.*

La prescription concernant les lettres de change et les billets à ordre souscrits par des négocians, marchands ou banquiers ou pour faits de commerce, s'acquiert par cinq ans, à compter du jour du protêt ou de la dernière poursuite juridique, s'il n'y a eu condamnation.

La dette ayant été reconnue par acte séparé, cette prescription ne peut plus être invoquée.

Cette thèse sera soutenue le 31 août 1835, à 10 heures du matin.

Vu par le Président de la Thèse,

FERRADOU.

Toulouse. — Imprimerie de Marie ESCUDIER, rue St-Rome, n° 26.